LA
DÉCLARATION DE GUERRE

PROJET DE LOI

PAR

M. P. DEFOURNY

AUTEUR DE

L'Armée de Mac Mahon et la Bataille de Beaumont ;
L'Appel des Suisses aux Puissances signataires des Traités de Vienne,
La Loi de Beaumont ;
Les Principes du Droit électoral, etc.

«... Il y a, Prince, une autre alternative : c'est le
retour de l'Europe au Droit des Gens.
(Lettre au Pr. de Bismarck, décembre 1886.)

PARIS

RETAUX-BRAY, LIBRAIRE-ÉDITEUR

82, RUE BONAPARTE, 82

1887

LA
DÉCLARATION DE GUERRE

IMPRIMERIE DE D. DUMOULIN
rue des Grands-Augustins, 5, à Paris.

LA

DÉCLARATION DE GUERRE

PROJET DE LOI

PAR

M. P. DEFOURNY

AUTEUR DE

L'Armée de Mac Mahon et la Bataille de Beaumont ;
L'Appel des Suisses aux Puissances signataires des Traités de Vienne ,
La Loi de Beaumont ;
Les Principes du Droit électoral, etc.

..... Il y a, Prince, une autre alternative : c'est le
retour de l'Europe au Droit des Gens.

(Lettre au Pr. de BISMARCK, décembre 1886.)

PARIS

RETAUX-BRAY, LIBRAIRE-ÉDITEUR

82, RUE BONAPARTE, 82

—

1887

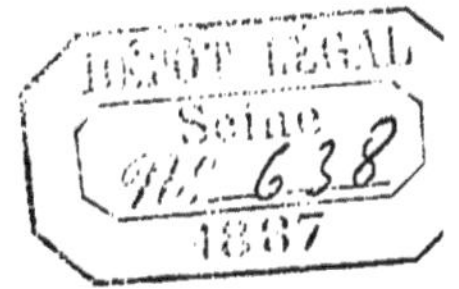

DÉCLARATION DE GUERRE

Si j'étais député ou sénateur, je déposerais sur le bureau de l'une ou l'autre Chambre la *Proposition de loi* dont la teneur suit, et je lirais à la tribune l'*Exposé des motifs* qui l'accompagne, sachant d'une science certaine, acquise par vingt années d'études et de relations diplomatiques, qu'il n'y a pas de plus grand service à rendre à mon pays et à l'Europe. Le temps presse. La permanence des enrôlements de tous les hommes valides de chaque nation, les inventions continuelles d'engins plus formidables les uns que les autres, et que l'on pourrait appeler machines infernales, pour la destruction des vies humaines, font de l'Europe un vaste camp retranché de barbares armés jusqu'aux dents les uns contre les autres. Les peuples, voués à l'appauvrissement, dévorés d'inquiétudes, ignorant chaque soir s'ils ne se réveilleront pas le matin au bruit de la fusillade révolutionnaire ou du canon étranger, les peuples sont las, bien las de cette situation ; comme au siècle de fer, ils ont soif de paix ; et ils crieraient volontiers, comme ont fait nos pères du onzième siècle à la porte des conciles : Paix et justice! La paix! la paix! la paix! s'ils avaient plus de foi en Dieu et plus de confiance dans l'Église.

La nation qui, la première, entrera dans la voie du retour au droit des gens, et en insèrera les principes et les règles dans ses lois, en instituant, comme les anciens Romains, un tribunal, une cour féciale pour juger des justes causes d'une guerre avant de l'entreprendre, cette nation se sauvera elle-même, et les autres avec elle; car les autres la suivront.

PROPOSITION DE LOI

CONCERNANT L'EXERCICE DE LA PRÉROGATIVE DU PRÉSIDENT DE LA RÉPUBLIQUE ET DU PARLEMENT EN MATIÈRE DE DÉCLARATION DE GUERRE.

ARTICLE PREMIER. — Il est institué, près le Gouvernement français, un Grand Conseil du droit des gens, formé de magistrats spéciaux, et fonctionnant à l'instar d'une haute cour de justice, pour l'examen et le jugement des justes causes de guerre. — Les dépêches, rapports, correspondances, et généralement toutes les pièces relatives à des conflits internationaux lui sont communiqués par le ministre des affaires étrangères.

ART. 2. — Le Président de la République est juge, avec le Parlement, des raisons d'État en matière de guerre à entreprendre, et il dispose de la force armée vis-à-vis des autres nations avec l'assentiment des Chambres. Mais le Président ne peut demander cet assentiment, ni le Parlement le donner, et ni l'un ni l'autre ne peuvent décréter une guerre, sans que préalablement le Grand Conseil du droit des gens ait été saisi de la cause, et que, réuni en haute cour, il ait rendu son jugement motivé, établissant la justice du cas de guerre.

Art. 3. — Ni avant, ni après l'assentiment des Chambres, le Président de la République ne peut dénoncer la guerre, ni les ministres ordonner aucun acte d'hostilité quelconque, contre une nation ou peuplade étrangère quelle qu'elle soit, avant de lui avoir déclaré le cas de guerre, c'est-à-dire de lui avoir notifié, par ambassade, le jugement motivé du Grand Conseil, de l'avoir mise en demeure de réparer le tort commis envers la nation française, et énoncé audit jugement, et d'avoir eu connaissance certaine de son refus de faire droit.

Art. 4. — En cas de déclaration et de dénonciation de guerre, en même temps que sera transmis l'ordre d'ouvrir les hostilités, le jugement de la haute cour, ou l'énoncé sommaire des justes causes de la guerre, extrait dudit jugement, sera lu publiquement à l'ordre en tête de chaque escadron et bataillon des armées françaises, et affiché dans toutes les communes de France.

EXPOSÉ DES MOTIFS

MESSIEURS,

Le 23 février 1872, une députation de sociétés ouvrières d'Angleterre, s'intitulant : *Comités pour l'étude des affaires étrangères*, était reçue à Versailles par deux commissions de l'Assemblée nationale, réunies sous la présidence de M. le duc d'Audiffret-Pasquier. Ces ouvriers avaient passé la Manche pour venir demander, dans l'intérêt de leur pays comme du nôtre, disaient-ils, l'institution en France d'un « Tribunal pour juger des cas de guerre ».

Pendant la réception, pleine de courtoisie, qui leur fut faite dans la salle dite des Marchés, le premier à qui la parole fut donnée attribuait les maux présents des nations aux guerres contemporaines, qu'il taxait de criminelles, et celles-ci à l'extinction de la conscience dans le cœur des hommes, indiquant comme remède l'application du Décalogue aux nations dans leurs rapports mutuels; un second signalait comme causes l'oubli de la loi et et l'absence de freins chez les gouvernants. « Que faites-vous en France, demandait-il, lorsque quelqu'un vole un franc? — Nous avons recours à la loi, lui répondait M. Benoît-d'Azy, et nous punissons le délinquant. »

Et l'ouvrier reprenait : « Ayant ce respect de la loi dans des affaires aussi minimes, n'avez-vous donc pas de loi qui s'appliquerait aux matières les plus sérieuses, aux crimes les plus graves, et alors qu'il ne s'agit pas seulement de la propriété de millions d'hommes, mais que le sang de centaines de mille créatures humaines peut se verser injustement ? »

Le président et M. Benoît d'Azy manifestèrent leur étonnement de voir des ouvriers exposer des vues générales et élevées, au lieu des griefs ordinaires et des considérations spéciales à la classe ouvrière sur les salaires, les heures de travail, etc. Un troisième député leur répondit par une série de questions, en ces termes, que j'emprunte à peu près textuellement au compte rendu imprimé dans la *Revue diplomatique (Diplomatic Review)* :

« Est-ce que le poids de la conscription ne tombe pas en France sur la classe ouvrière ? Est-ce que les convulsions du commerce, résultant des guerres ou des menaces et des craintes perpétuelles de guerres, n'affectent pas la classe ouvrière en la privant de travail ? Est-ce que l'accumulation de la dette publique, ouvrage de la guerre, n'affecte pas, par les impôts perpétuels qu'elle crée, la classe ouvrière ? Est-ce que l'existence de factions et de complots, la création des moyens nécessaires pour la répression, et l'opposition permanente qui en résulte d'une classe à une autre, n'affectent pas la classe ouvrière ? Est-ce que toutes ces choses, conséquences plus ou moins prochaines de guerres qui sont des crimes, n'affectent pas profondément la classe ouvrière sous tous les rapports, matériel, moral et politique? La classe ouvrière souffre de ces maux, qui affligent la communauté. Ces maux résultent du manque de respect pour la loi, et nous n'y voyons point de remède que la restauration de la loi. La loi peut être restaurée pourvu qu'elle soit comprise. »

Messieurs, c'est dans ces paroles de trois ouvriers, un gâcheur de plâtre, un mécanicien raccommodeur de machines et un relieur de livres, que j'ai, je l'avoue avec simplicité, trouvé la raison de la loi dont je propose à la Chambre de prendre le principe en considération, et aussi le fondement des motifs qu'elle veut bien m'autoriser à exposer devant elle.

En fait, les ouvriers anglais ont dit vrai pour ce qui regarde la France : ce sont les guerres qui ont causé nos malheurs. Constatons-le d'abord, nous verrons ensuite s'ils ont eu raison de dire que ces guerres sont des crimes; et si nous concluons comme eux, la loi proposée aura votre approbation, puisqu'elle est destinée à prévenir ce qu'il y a de criminel dans la guerre, et, par voie de conséquence, à la rendre aussi rare et aussi juste que possible.

Depuis trente ans, nous avons entrepris cinq grandes guerres : la guerre de Crimée, la guerre d'Italie, la guerre du Mexique, la guerre de 1870 et la guerre avec le Tonkin et la Chine.

La première nous a coûté 95,000 hommes ;

La seconde 8,000 hommes ;

La troisième 9,800 hommes ;

La quatrième, au minimum, 138,871 hommes;

La cinquième, jusqu'à présent, 500 millions.

Quant aux pertes matérielles, il est établi dès à présent que ces différentes guerres ont, ensemble, coûté environ 15 milliards.

Plus de 260,000 vies d'hommes et un budget triplé, voilà les résultats matériels; le trouble et la division à l'état chronique, voilà les résultats politiques à l'intérieur.

La Turquie, notre prétendue alliée, toujours de plus en plus en péril de mort, non parce qu'elle est malade, mais parce qu'on veut l'étrangler; l'Italie, notre prétendue obligée, voisine douteuse et dangereuse pour nous comme pour l'Autriche; l'Autriche, affaiblie et déchue comme nous. Des deux puissances du Nord, la Russie et la Prusse, tour à tour nos ennemies, l'une, la mère, que sa fille n'a jamais contrecarrée, grandissant sans cesse depuis la guerre de Crimée, et s'avançant à grands pas vers Constantinople, au point qu'il semble en ce moment qu'elle tend la main pour saisir la clef, la clef de la maison, l'empire du monde [1]; enfin la France, réduite au rôle de témoin muet, ou balbutiant, et en tout cas certainement impuissante : tels sont les résultats politiques et diplomatiques à l'extérieur.

Hécatombes de vies humaines, dettes publiques qui nous rongent jusqu'à la moelle, alliés perdus,

---

1. Napoléon Ier à Alexandre de Russie : *Constantinople, c'est le monde.* Louis XVIII au même : *C'est la clef de la maison, je ne puis pas vous la donner.*

perles de provinces, affaiblissement au dehors, division et discorde au dedans, voilà ce que nous devons aux guerres entreprises par nous, vainqueurs ou vaincus, depuis trente ans.

J'énumère ces causes et ces effets non pour récriminer, mais pour constater, et dans l'unique dessein de nous préserver à l'avenir.

Puisque la guerre de Crimée n'a eu pour conséquence que la ruine graduelle de notre alliée la Turquie, et l'accroissement graduel de notre ennemie d'alors la Russie, avec l'abandon incompréhensible de notre force navale par l'acte insensé appelé *Déclaration de Paris;* puisque la guerre d'Italie a abouti à nous créer une voisine dangereuse et à réduire une alliée possible, l'Autriche, au rôle permanent de comparse de nos ennemis; puisque la guerre du Mexique n'a rien été que morts d'hommes et dépenses d'argent; puisque la guerre de 1870 a été pire que tout le reste, il est évident qu'il ne fallait pas recommencer! Il ne fallait pas, après avoir été refoulés loin du Rhin allemand, se mettre en situation d'être forcés d'abandonner en tout ou en partie le fleuve Rouge, le Rhin chinois, ou de voir enlisés dans ses marécages l'or de nos budgets présents et futurs avec les corps émaciés de nos soldats.

Encore une fois, je n'y reviens que pour constater, non pour le plaisir de récriminer contre l'Empire ou contre la République. Ce serait un trop facile plaisir, si ce n'était pas la douleur la plus amère.

La nation française a fourni volontairement à l'Empire les milliards nécessaires pour ses guerres. La nation entière a acclamé notamment la guerre d'Allemagne et crié : *A Berlin! A Berlin!* de Dunkerque à Bayonne. La Constitution de l'Empire réservait au seul chef de l'État l'initiative des guerres, sauf toutefois le vote des milliards par le Corps législatif. Le Corps législatif les votait et la nation les apportait. La Constitution de la République veut que les deux Chambres délibèrent et donnent leur assentiment préalablement à toute guerre que voudrait déclarer le chef de l'État, qui ne dispose de la force armée qu'à cette condition. Nous n'avons pas été mieux préservés par cette Constitution que par l'autre. La Constitution de la République n'a pas été violée pour cette grave raison qu'on n'avait besoin de notre assentiment préalable que pour déclarer la guerre, et non pour la faire!... Puis nous avons ratifié à froid la malheureuse invasion du Tonkin comme d'autres avaient acclamé la guerre de 1870. Pendant six mois nous nous sommes débattus devant cette alternative perplexe, devant cette épée à deux tranchants : juger les ministres ou les amnistier. Juger, c'était nous juger et nous condamner nous-mêmes. Cela n'est pas légal, cela ne se fait pas. On ne dresse pas un tribunal public pour se juger et se condamner soi-même : cela ne peut se faire que dans le sanctuaire de la conscience. Il ne restait que l'amnistie. Amnistier, c'était l'autre tranchant de l'épée. On n'amnistie que des coupables, non des innocents ou des malheureux. L'inculpabilité ou le malheur ont droit à la pitié ou au respect et n'ont pas besoin d'amnistie. C'est sans doute pour cela que nous nous sommes abstenus, ne pouvant exercer ni la miséricorde, ni la justice.

Au reste, Messieurs, quand est-ce qu'on a jugé un ministre, quand est-ce qu'on en a seulement mis un seul en accusation pour sa gestion des affaires publiques, extérieures, étrangères, depuis que le régime parlementaire existe? et je ne dis pas seulement en France, mais chez aucune puissance de l'Europe? Les ministres sont les maîtres, tant qu'ils sont au pouvoir. Quand ils ne plaisent plus, les majorités les renvoient... jusqu'à ce qu'elles les reprennent. Et c'est tout. Quant à les juger, dans le sens vrai, dans le sens juridique de ce terme, jamais! La responsabilité ministérielle, Messieurs, est une fort belle expression, mais qu'un homme réfléchi ne peut entendre sans sourire. Je serais impoli si je vous disais que c'est un mensonge; mais vous le dites tous avec moi : c'est une fiction.

Il est d'autant plus désirable de ne plus nous trouver dans le cas perplexe et de découvrir un moyen de ne plus recommencer. Celui qui vous est proposé serait efficace. Il tient tout entier dans ces deux propositions : 1° *Une guerre entreprise sans jugement préalable et sans une sentence régulière n'est pas une guerre, c'est une collection de meurtres.* — 2° *Pour juger, il faut des juges.*

Le premier ouvrier anglais qui a parlé à Versailles disait : « La conscience est éteinte aujourd'hui sur le

sujet de la guerre et de la déclaration de guerre. »
Voyons s'il avait raison.

La conscience, Messieurs, implique avant tout la
connaissance, la science, comme le terme l'indique.
Tous les moralistes nous le disent : la conscience
implique la connaissance des premiers principes de
la loi, de la morale éternelle, naturellement gravés
dans le cœur des hommes, et sa fonction consiste à
faire l'application de ces principes à nos actions.

Un des premiers préceptes de cette loi éternelle
brillant dans la conscience est celui qui défend d'ôter
la vie à son semblable, de verser le sang humain
sans juste cause. C'est un de ceux qui sont gravés
le plus dans le cœur de l'homme. Comme aux jours
antiques sur le front de Caïn, un signe de réproba-
tion nous apparaît toujours marquant le front de
l'homicide, du meurtrier privé.

Mais s'il s'agit de guerre, c'est-à-dire de l'effusion
du sang humain par torrents, les hommes d'à présent ne s'inquiètent plus de la juste cause. Ceux qui
y prennent part ne songent plus à se demander si ces
meurtres innombrables sont justifiés ou non, c'est-
à-dire si les guerres, ou ce qu'on appelle de ce nom,
sont justes ou iniques, légales ou illégales, licites
ou criminelles ; si, en maniant le feu qui dévore les
biens et l'arme qui détruit les vies humaines, ils
violent ou non cette loi primordiale qui défend
l'homicide et le meurtre, le pillage et l'incendie sans
juste cause.

Leur conscience est muette là-dessus, elle est

ténébreuse de ce côté, comme une lune tronquée à son déclin ou à l'état d'éclipse partielle. La guerre pour eux a cessé d'être un acte relevant de la morale. Ils n'ont pas d'autre joie, dans les fatigues et les périls des camps, que celle d'être vainqueurs, pas d'autre tristesse que celle d'être vaincus. En un mot, ils tuent, pillent et brûlent sans conscience.

Ne m'objectez pas qu'ils servent leur pays. Il y a longtemps qu'un puissant génie vous a répondu par ces paroles devenues proverbiales : « Otez la justice, que sont les empires? sinon de grandes sociétés de brigands. Et les compagnies de brigands ne sont-elles pas elles-mêmes de petits empires? Les brigands aussi ont certaines lois ou conventions d'après lesquelles ils se régissent. Là aussi on se bat pour la conquête du butin et pour le point d'honneur de la bande. »

Un membre de l'ancienne Chambre, qui siège de nouveau dans celle-ci, disait à cette tribune il y a trois ans, le 31 octobre 1883 :

« Il s'est introduit en Europe une politique, que M. Thiers définissait la politique du *Prenez et je prendrai*. On peut la formuler encore ainsi : *Je vous donne ce que je n'ai pas, donnez-moi ce que vous n'avez pas...* Chacun prend son morceau : l'Autriche, la Bosnie et l'Herzégovine ; l'Angleterre, l'Égypte et Chypre ; et ceux qui n'ont rien se préparent à prendre. »

Et encore, dans la même séance, s'adressant au ministre président du conseil :

« L'occasion était bonne, dites-vous ? — Oui, l'occasion fait le *larron*. Et moi j'estime... qu'une nation doit se conduire en honnête homme. »

Voilà une belle parole, Messieurs ; et je ne doute pas que vous partagiez tous l'avis de M. Clémenceau (car c'est lui qui l'a dite), et l'avis de M. Thiers, qui est l'avis de saint Augustin.

A M. Clémenceau et à M. Thiers témoignant sur l'état de brigandage de l'Europe contemporaine, je n'offenserai personne en ajoutant le témoignage de Pie IX. Il écrivait, il y a treize ans, dans un Bref adressé à M. Lucien Brun et à plusieurs membres de l'Assemblée nationale : « La plupart des maux présents ont pour cause l'emploi pervers du pouvoir et des armées. » Et il disait à un protestant qui le pressait dans une audience sur le même sujet : « Un chrétien doit se laisser tuer lui-même plutôt que de verser le sang sans juste cause. »

Remarquez, Messieurs, cet accord, cette unanimité vraiment merveilleuse en ce temps de divisions et de discordes multiples et profondes. C'est, pour me servir de certains termes à la mode, c'est la République conservatrice ayant pour organe M. Thiers, la République radicale par la bouche de M. Clémenceau, l'Église avec Pie IX, les monarchistes avec M. Lucien Brun et ses collègues, qui tiennent le même langage et disent en appliquant la maxime de saint Augustin à l'Europe contemporaine : « Ce sont des nations de brigands. »

Aussi, Messieurs, ma confiance est grande, en

vous demandant d'adopter le principe de la loi proposée, afin que notre nation et les autres avec elle cessent d'être des nations de larrons, et les armées, des troupes de brigands et de pirates : je dois ajouter, et d'esclaves.

Oui, dans ces conditions, les armées sont des troupeaux d'esclaves, esclaves d'un ou deux gouvernants, d'un ou deux ministres, qui disposent d'eux tyranniquement, sans autre garantie qu'une responsabilité purement nominale, nous le savons. Pour le dire en passant, ces deux ou trois hommes, ou cet unique ministre est ordinairement lui-même, conscient ou non, désintéressé ou non, — on ne peut pas le savoir au juste, — l'exécuteur des volontés ou des desseins habiles et cachés d'une diplomatie étrangère, toujours secrète tant que le coup n'est pas fait, encore noire et indéchiffrable, même après que le coup est fait.

Ce qui caractérise l'esclave, c'est qu'il est entre les mains de son maître comme une chose, un outil, et non plus un homme. Ainsi en est-il du soldat, de l'officier, du général, marchant au feu et au sang sans souci de la justice, par la volonté arbitraire des ministres, dans les conditions exposées. Ainsi l'esclavage militaire existe, et c'est le pire des esclavages, aujourd'hui surtout qu'il met, par la conscription forcée, la chaîne au cou à tous les hommes libres et forts des nations, pour en faire des outils de meurtres, des tueurs de profession, des bouchers de chair humaine ; car tel est le seul *opus ser-*

vile en vue duquels ils sont enchaînés et dressés.

Pendant la décadence romaine, ce peuple qui avait été plusieurs siècles durant le plus austère, le plus sobre, le plus juste envers les autres peuples, en vint, dans sa corruption pleine de soifs dépravées de voluptés cruelles et bestiales, à instituer des régiments d'hommes qui s'exerçaient au parfait maniement des armes, pour, en un jour de spectacle, s'assassiner entre eux selon certaines règles, et repaître ainsi de leur sang les regards de ceux dont les pères s'étaient appelés de ce grand nom : *Senatus Populusque romanus*. Voilà où en est l'Europe moderne, avec cette aggravation que ce sont tous les hommes libres et valides qui sont enrôlés : tout le monde y est gladiateur.

Pensez-vous, Messieurs, que cela serait possible si la parole de l'ouvrier anglais n'était vraie, c'est-à-dire si la conscience n'était pas éteinte ? Cela serait-il possible si les hommes d'à présent voyaient dans la guerre une œuvre de justice nécessaire, à laquelle ils se voueraient en vertu d'une juste sentence dûment rendue, dont ils seraient, cette fois vraiment pour la juste défense et l'honneur de la patrie, les nobles et héroïques exécuteurs ? Des gouvernants, au nombre de deux ou trois, un peu plus, un peu moins, réunis dans un cabinet secret, délibérant sans registre et sans procès-verbal destiné à la publicité, partant sans responsabilité possible, sans frein ! selon l'énergique expression de l'ouvrier anglais, sans garantie aucune, par conséquent, pour la conscience de ceux qu'ils envoient tuer, pourraient-ils ordonner ainsi des massacres, si la conscience n'était pas éteinte ? — Au contraire, que les citoyens des nations européennes rapprennent et professent qu'il n'est pas plus permis de tuer dix ou cent mille hommes des nations étrangères qu'un seul particulier de leur pays sans juste cause et sans jugement préalable ; que de prétendues guerres ainsi faites ne sont que des brigandages et des entassements de meurtres sur une échelle colossale ; et ces monstruosités cesseront d'être possibles.

La conscience est éteinte. Il vous appartient, Messieurs, d'en rallumer le flambeau, en restaurant la loi. Et la loi, ce sera le frein.

Permettez-moi de vous soumettre encore une considération analogue aux précédentes. Pourquoi ravaler les soldats, les officiers, les généraux, au-dessous du bourreau ? Un fonctionnaire quelconque ne vient pas dire au bourreau, en lui désignant un citoyen : « Prends-moi cet homme et coupe-lui la tête. » Le citoyen le plus méprisable, fût-il chargé de vingt condamnations antérieures, est d'abord amené dans un édifice public, où il trouve douze jurés pour l'entendre, une cour très noble pour l'interroger et diriger impartialement les débats, garantir son droit de défense. S'il est condamné à la fin sans appel et sans recours, par une sentence publiquement et solennellement motivée et rendue, et que l'heure de mourir soit arrivée, on députe encore vers lui un homme public, qui lit la sentence définitive et irré-

vocable en présence de l'exécuteur des hautes œu-
vres ; et c'est alors seulement que l'exécuteur peut
mettre la main sur lui. C'est ainsi, Messieurs, que
les nations peuvent vivre, chez elles, à l'état de
société. Les formes judiciaires, c'est la société ! Sans
doute, avec elles, avec la justice régulièrement et
publiquement rendue, il y a encore des scélérats,
des hommes qui tuent et qu'il faut mettre justement
à mort pour protéger la vie de tous. Mais essayer de
laisser les particuliers d'une nation se faire justice
entre eux, sans tribunal, sans les saintes formes de la
justice, sans jugement régulier et solennel, vous au-
rez tout de suite un corps social condamné à mort,
parce que ses membres s'entretueront comme des
bêtes féroces. Les nations européennes n'en sont pas
là chez elles, à l'intérieur. Au contraire, en omet-
tant des exceptions douloureuses dont je n'ai pas à
parler ici, on peut dire que la justice y est aussi
parfaitement organisée que le comporte la condition humaine ; et c'est ce qui rend le contraste plus
étrange. Elles en sont là entre elles !

On a publié, depuis quarante ans, depuis quinze
ans surtout, un grand nombre d'écrits fort sérieux
sur cette situation. J'ai lu dans un de ces écrits, dont
l'auteur est celui qui l'a le plus et le mieux appro-
fondie au point de vue du droit des gens et à tous
points de vue, que nous avons fait plus de guerres en
trente ans que l'antique Syrie n'en avait vu durant
une période de quinze cents ans de l'histoire ancienne. Cessons de faire la guerre sans jugement et

sentence préalable, et les guerres seront beaucoup plus rares, comme dans chaque nation les meurtres privés sont relativement rares, parce que c'est la magistrature qui poursuit les crimes, et non chacun qui prétend se faire justice soi-même.

C'est ici la raison pour laquelle la proposition de loi ne laisse pas au seul pouvoir exécutif la fonction d'entreprendre les guerres. Le pouvoir exécutif d'une nation se trouve, vis-à-vis des pouvoirs exécutifs ou gouvernements étrangers, comme dans une nation un citoyen vis-à-vis des autres citoyens. Ceux-ci ne se font pas justice entre eux, ne prononcent pas de jugement les uns contre les autres : c'est le magistrat. Qu'il en soit de même de notre gouvernement à l'égard des autres gouvernements. D'autre part, le sage principe du partage des pouvoirs et des attributions exige qu'il en soit encore de même du Parlement. Les Chambres ont des attributions législatives, non judiciaires. Nous ne sommes pas des juges, Messieurs, et même nous ne pouvons pas en être. Outre que nous sommes trop nombreux pour faire un tribunal, nous sommes divisés en trop de partis ; partant nous sommes incapables d'être impartiaux. Impartialité, intégrité, sont synonymes, et il n'y a pas de tribunal ordinaire possible, sans intégrité. L'intégrité, c'est la justice ; l'impartialité, c'est le juge. Je ne fais qu'indiquer ces raisons sans les développer parce que j'ai mieux à vous présenter que des déductions logiques, quelle qu'en soit la valeur.

II

Ce n'est pas une institution nouvelle, inouïe dans les fastes de la race humaine, ce n'est pas un produit de mon invention que j'ose soumettre à vos délibérations. J'ai nommé tout à l'heure les Romains. C'est chez eux que s'est rencontré le type le plus parfait d'un établissement de ce genre, avec cette circonstance remarquable que, dans leur constitution comme dans la nôtre, la décision de la guerre appartenait en fin de compte, chez eux comme chez nous, au pouvoir législatif et au pouvoir exécutif. Comme le Grand Conseil ou la haute cour du droit des gens, dans la proposition de loi qui vous est soumise, ne fait que reproduire le fond de l'organisation et le fonctionnement du Collège fécial de la République romaine, il est indispensable que je traite un peu amplement de cette institution, aussi célèbre que mal étudiée et partant peu connue de nos jours. La faire connaître, c'est rendre raison du principe et de l'ensemble de ma proposition de loi.

Un professeur agrégé de droit en parle en ces termes au début d'une remarquable étude récemment publiée[1] :

« Il n'est pas sans intérêt, au moment où l'Europe multiplie ses armements et ses moyens de destruction..., de faire un retour en arrière, de montrer, par

---

1. M. A. WEISS, professeur agrégé de droit à la Faculté de droit de Dijon, avocat à la Cour d'appel. — *Le Droit fécial et les Féciaux à Rome.* Paris, Durand et Pedone, 1883.

l'étude des formalités et des garanties qui entouraient à Rome la déclaration des guerres et la conclusion des traités, que ce peuple avait conçu du droit des gens une idée plus pure et plus raffinée qu'on n'aurait pu l'attendre de l'état de sa civilisation. Plus d'une nation moderne pourrait envier à ces temps, que nous appelons barbares, une institution aussi sage, aussi morale que l'était sous la république romaine le collège des Féciaux, ce tribunal respecté qui, au dire de Varron, présidait à la loyauté des relations internationales. »

L'idée que nous nous faisons, dans la dernière moitié de ce siècle, de la déclaration de guerre, est fort singulière et tout à fait inouïe. Si l'on demandait à nos contemporains quel sens ils attachent à cette locution, la réponse unanime, supposé qu'elle fût basée sur les faits récents les plus nombreux de notre époque, serait celle-ci : La déclaration de guerre est un avis écrit, verbal ou télégraphié au moyen duquel une nation, par l'organe de son gouvernement, dit à un autre : Nous allons nous battre, ou encore : Nous allons demain chez vous, pour tuer, piller et brûler. L'an dernier, c'est ainsi, à la lettre, qu'agissait Sa Majesté le roi de Serbie à l'égard de la Bulgarie. Sa dépêche, la première pièce officielle relative à la guerre, portait : *demain à six heures du matin.* Il y a dix ans, le 11 juillet 1876, les mêmes Serbes ou Monténégrins, poussés en avant par la diplomatie pour amener le dernier grand conflit entre la Russie et la Turquie, déclaraient la guerre, ou plutôt annonçaient leur brigandage par télégramme ! Et la veille de l'envoi du télégramme, dans des dépêches écrites, ils protestaient contre la pensée qu'on leur attribuait de vouloir faire la guerre[1].

Bien autre était l'idée que se formaient de la déclaration de guerre diverses nations de l'antiquité, notamment les Pélasges et ensuite les cités qui occupaient le sol de l'Italie à l'époque de la fondation de Rome, Albains, Ardéates, Samnites, Falisques, Équicoles, à qui les Romains l'ont empruntée. Les magistrats chargés de cette grave et redoutable fonction de déclarer les guerres, de faire ou préparer les traités, portaient, outre le nom de Féciaux[2], ceux de gardiens ou *conservateurs de la paix*, et de *juges de la paix*[3], noms dont la signification était, dit Plutarque, qu'ils devaient, dans l'exercice de leur charge, rechercher la paix et la justice.

Les Romains, dit Vattel, reconnaissaient une loi (supérieure) qui oblige les nations entre elles, et ils rapportaient à cette loi le droit des ambassades. Ils avaient aussi le Droit fécial, lequel n'était autre chose que le droit des gens par rapport aux traités et particulièrement à la guerre. Les Féciaux étaient les interprètes, les gardiens, et en quelque façon les prêtres de la foi publique[4].

1. *L'Hérésie canonique et la constitution de l'Église*, par M. P. Defourny, page 22. — Voir le *Journal de Rome*, et les autres à ces dates.
2. De *fides*, ou de *fari*, ou de *facere*, peu importe.
3. Εἰρηνοφύλακες, εἰρηνοδίκαι.
4. VATTEL, liv. III, ch. III.

On les appelait Féciaux, dit Varron, parce qu'ils présidaient à la Foi publique entre les peuples. En effet, c'est par leur autorité que se décidaient les justes guerres, qu'elles se terminaient, et que se faisaient ensuite les traités qui rétablissaient la paix sur la foi publique [1].

Le génie de Bossuet éclate en cris d'admiration, en voyant défiler, dans la procession de l'Histoire universelle, le vénérable Collège fécial de la Rome antique :

« Qu'y a-t-il de plus beau, de plus saint que le collège des Féciaux? Le Conseil était établi pour juger si une guerre était juste. Avant que le Sénat la proposât, et que le peuple la résolût, cet examen d'équité précédait toujours. Quand la justice de la guerre était reconnue, le Sénat prenait des mesures pour l'entreprendre. Mais on croyait devoir avant tout redemander dans les formes à l'usurpateur les choses injustement ravies, et l'on n'en venait aux extrémités qu'après avoir épuisé les voies de la douceur.

« Sainte institution s'il en fut jamais, et qui fait honte aux chrétiens [2]... »

Venons à son organisation.

Le Collège fécial se composait de vingt membres pris parmi les citoyens les plus éminents de la République.

Ce nombre de vingt est sagement choisi. Ils ne

1. Varro, *De ling. lat.*, lib. IV.
2. *Discours sur l'histoire universelle.*

sont pas trop nombreux pour former un tribunal de
cette importance. Car il s'agit d'un tribunal, et si
c'était une multitude, ce ne serait plus un tribunal.
Il ne faut pas non plus qu'ils soient en trop petit
nombre. S'ils n'étaient que quatre ou cinq, ils pour-
raient dégénérer en cabale, ce qui est difficile avec
un personnel de vingt membres d'une honorabilité
notoire.

Ils sont à vie, pour n'être pas influencés dans leur
jugement par la crainte d'être révoqués, ou de n'être
pas réélus, ou par l'ambition de l'être, dans le cas
où ils auraient rendu une sentence déplaisante aux
partis ou aux entraînements populaires.

Pour la même raison, les Féciaux, une fois insti-
tués, ne furent plus élus ni par le Sénat ni par le
peuple, souvent à Rome en désaccord et partagés en
factions et partis opposés. C'est pourquoi le Collège
fécial se recrutait par ce mode de suffrage appelé
cooptation; en d'autres termes, quand un des vingt
mourait, ses collègues en élisaient eux-mêmes un
autre à sa place. Ce qui se passait ainsi : chacun
présentait son candidat, en jurant qu'il était digne;
ensuite avait lieu la cooptation proprement dite,
c'est-à-dire le choix du plus digne par tout le collège
réuni, parmi les candidats proposés. D'autres conditions étaient encore nécessaires. Plusieurs d'entre
eux, au moins à l'époque de leur élection, devaient
être ce qu'on appelait : « Pères patrés », *Patres
patrati;* c'est-à-dire avoir leur père vivant et être
eux-mêmes pères de famille, comme pour mieux

offrir en leurs personnes la garantie de l'honneur
passé et de l'honneur futur de la patrie. C'était toujours un père patré que les autres devaient élire pour
chef d'ambassade en cas de plainte ou de conflit
international.

Une fois revêtus de cette magistrature, les Féciaux
pouvaient bien exercer concurremment d'autres
charges dans l'ordre civil, mais non dans les armées
de la République, et il ne leur était pas permis de
prendre part personnellement à la guerre; de peur
que leur valeur militaire, vertu si commune à Rome,
ne fît pencher la balance de leur jugement du côté de
la guerre ou de la prolongation de la guerre, au dé-
triment de la justice et de la paix, dont ils avaient la
garde.

Avec cette organisation et cette indépendance, les
Féciaux n'ont pourtant dans les mains que les moyens
d'être intègres, non celui de tyranniser la République
en lui faisant faire la guerre selon leur bon plaisir.
Car, et c'est peut-être ici le point culminant de la
sagesse du législateur à qui l'on doit cette institution,
les Féciaux *n'ont pas la décision de la guerre!* En ce
qui regarde une guerre à entreprendre, ils n'ont
qu'une attribution, celle de *juger si elle est juste* oui
ou non, en d'autres termes, s'il y a une juste cause.
Lorsqu'ils ont jugé que la cause est juste, après in-
formations et enquêtes, et d'autres solennités dont
je parlerai tout à l'heure, leur rôle est fini, et il n'y a
rien de fait, tout est encore à faire quant à la décision
de la guerre. Alors intervient le Sénat, puis le peu-

ple assemblé en comices. C'est de l'un et de l'autre que dépend la décision, non des Féciaux qui n'ont plus rien à dire. Si le Sénat la vote, et que le peuple l'ordonne, elle se fera, sinon, elle ne se fera pas; et il arrivait qu'elle ne se faisait pas [1].

Vattel résume très clairement, en termes généraux, ce que les Romains pratiquaient: « Une nation ou son conducteur n'ayant pas seulement à garder la justice dans toutes ses démarches, mais encore à les régler sur le bien de l'État, il faut que des motifs honnêtes et louables concourent avec les raisons justificatives pour lui faire entreprendre la guerre. Ces *raisons* font voir que le gouvernement est en droit de prendre les armes, qu'il en a un juste sujet; les *motifs* montrent qu'il est à propos, qu'il est convenable, dans le cas dont il s'agit, d'user de son droit : ceux-ci se rapportent à la prudence, comme les raisons justificatives se rapportent à la justice [2]. »

Pour employer le même langage, il suffit de dire que l'examen des raisons justificatives appartenait aux seuls Féciaux, et l'appréciation des motifs, avec la décision d'entreprendre la guerre, au Sénat et au peuple. En conséquence, ni le Sénat ni le peuple ne peuvent la décréter tant que les Féciaux n'ont pas jugé qu'elle est juste. *Belli Feciales judices sunt*, dit Cicéron citant le Droit fécial [3]. Les Féciaux

---

1. Tous ces détails sont extraits de divers auteurs latins et grecs. On les trouve presque tous dans M. Weiss, *op. cit.*
2. Vattel, *loc. cit.*
3. *De officiis.*

apportaient dans ce jugement une entière indépendance. Ils jugeaient ce point, dit Denys d'Halicarnasse, et personne ne pouvait aller contre leur jugement [1]. C'étaient eux, dit Plutarque, qui faisaient défense ou refusaient la permission soit aux soldats, soit au roi des Romains de prendre les armes lorsque cela n'était pas juste. Mais quand ils avaient déclaré juste l'entreprise d'une guerre, il appartenait à ceux qui avaient à l'entreprendre d'examiner ce qu'il importait de faire [2].

Il suit de là, avec une suprême évidence, que le tribunal des Féciaux avait été institué uniquement pour empêcher les Romains d'entreprendre des guerres injustes, de verser le sang sans juste cause. Cette conclusion, qui ressort de cette rapide esquisse de son organisation, nous la trouvons formulée dans les mêmes termes, non à titre de conclusion, mais de fait historique simplement constaté, par un savant du cinquième siècle de notre ère. « Ancus Martius, dit cet écrivain, voyant que le peuple romain, dans son ardeur pour la guerre, la portait la plupart du temps chez les autres cités sans aucune juste cause, envoya à la cité des Equicoles des députés qui en rapportèrent le Droit fécial [3]. »

Il est donc avéré que ce peuple romain, naguère encore un ramassis de brigands, ravisseurs des femmes étrangères, sut se donner de bonne heure

1. *Loc. cit.*
2. Plut. Numa, 12.
3. Sylvius, *Scholiastes., ad Æneid.,* x.

une telle institution, par amour de la justice, et comme un frein pour brider l'injustice de ses ardeurs belliqueuses. Autrement, à quoi bon ce Tribunal fécial si sagement organisé? puisque le Sénat délibérait si sérieusement après la décision des Féciaux, puisque le peuple en comices délibérait à son tour avant d'acquiescer définitivement, et qu'il refusait parfois? Ce tribunal eût été complètement inutile, s'il n'eût pas été établi avant tout et uniquement pour assurer le droit et le juste.

Le peuple romain s'était ôté à lui-même, en adoptant les institutions féciales, le pouvoir de faire des guerres criminelles et insensées, il avait abdiqué ses passions de violence entre les mains des Féciaux, comme nous abdiquons nos consciences entre les mains de nos cabinets, de nos ministres irresponsables.

A la réserve de quelques écrivains modernes, qui n'ont pas su distinguer entre l'époque de la grandeur et celle de la décadence des Romains, on est d'accord que la justice féciale fut, avec les autres vertus romaines, le principal instrument de la grandeur et des accroissements de cet empire pendant plusieurs siècles. Un concert de témoignages tirés des historiens, des philosophes, des jurisconsultes des diverses nations, l'atteste, en même temps qu'ils nous montrent la corruption, les iniquités et la décadence romaine marcher de pair avec l'altération des institutions féciales.

Lequel devons-nous choisir, Messieurs? Est-ce de

rester dans la ressemblance des Romains brutaux des origines ou corrompus de la décadence ? Permettez-moi de mieux espérer de nous. Ce que la République romaine a su faire alors qu'elle sortait à peine de son sauvage berceau, pourquoi la France, la République française ne le ferait-elle pas ? Il ne manque que de le vouloir. Le pouvoir, vous l'avez.

Je crois avoir suffisamment justifié et élucidé devant vous le principe de la loi proposée, contenu dans l'article premier, ainsi conçu :

ARTICLE PREMIER. — Il est institué, près le Gouvernement français, un Grand Conseil du droit des gens, formé de magistrats spéciaux, et fonctionnant, à l'instar d'une haute cour de justice, pour l'examen et le jugement des justes causes de guerre.

La disposition qui complète cet article, et qui prescrit la communication des pièces au Grand Conseil par le Ministre des affaires étrangères, est doublement motivée ; d'abord, parce que ces pièces sont nécessaires aux juges pour asseoir leur jugement. Ensuite, nous avons cru qu'il importait de ne rien changer au mode des rapports diplomatiques existant entre la nation française et les nations étrangères. C'est toujours par le chef de l'État et son ministère que ces rapports auront lieu. Le Grand Conseil du droit des gens est une institution purement intérieure. C'est pour la même raison que, à l'article 3, la déclaration du cas de guerre et de la dénonciation des hostilités, n'est pas, comme à Rome,

üne attribution de la haute cour, mais reste au gouvernement.

L'article 2 est une conséquence naturelle de l'article 1er. Il mentionne d'abord la prérogative du président de la République et du parlement, telle que
l'énonce la loi constitutionnelle. Puis il exige le jugement de la haute cour préalablement à l'exercice de
la prérogative :

ART. 2. — Le Président de la République est juge, avec
le Parlement, des raisons d'État en matière de guerre à
entreprendre, et il dispose de la force armée vis-à-vis des autres nations, avec l'assentiment des Chambres. Mais le Président ne peut demander cet assentiment ni le Parlement le
donner, et ni l'un ni l'autre ne peuvent décréter la guerre
sans que préalablement le Grand Conseil ait été saisi de la
cause, et que, réuni en haute cour, il ait rendu son jugement motivé, établissant la justice en cas de guerre.

L'article 3 règle ce qui regarde la déclaration de
guerre proprement dite, et la dénonciation et l'ou-
verture des hostilités :

ART. 3. — Ni avant, ni après l'assentiment des Chambres,
le Président de la République ne peut dénoncer la guerre, ni
les ministres ordonner aucun acte d'hostilité quelconque,
contre une nation ou peuplade étrangère organisée quelle
qu'elle soit, avant de lui avoir déclaré le cas de guerre, c'est-
à-dire de lui avoir notifié par ambassade le jugement motivé
du Grand Conseil, et l'avoir mise en demeure de réparer le
tort commis envers la nation française et énoncé audit jugement, et d'avoir eu connaissance certaine de son refus de faire
droit.

Cet article mentionne expressément toute peuplade

organisée. Dès qu'un groupe d'hommes organisé possède un sol, il n'est pas permis de lui voler sous ce prétexte, mis un jour en avant dans le journal le *Times*, que cette peuplade ne serait pas civilisée. L'incivilisé, le barbare, dans ce cas, c'est l'envahisseur, qui se fait à la fois voleur et homicide.

L'article 4 est connexe avec l'article 3, et montre la seconde face de la déclaration de guerre. La disposition qu'il contient était autrefois en usage dans toute la chrétienté. Cette disposition est encore appliquée aujourd'hui chez les musulmans. Elle est la garantie de la conscience de celui qui se bat, elle maintient la discipline et ennoblit le dévouement en même temps qu'elle assure et consacre l'honneur de l'armée.

Art. 4. — En cas de déclaration et de dénonciation de guerre, en même temps que sera transmis l'ordre d'ouvrir les hostilités, le jugement de la haute cour, ou l'énoncé sommaire des justes causes de la guerre, extrait dudit jugement, sera lu publiquement à l'ordre en tête de chaque escadron et bataillon des armées françaises, et affiché dans toutes les communes de France.

Permettez-moi, pour finir, d'ajouter quelques considérations sur ces deux articles ; je tâcherai d'être bref.

La publicité est une garantie de l'intégrité des juges, et la publication des jugements, avec leurs motifs, est ce qui constitue le mieux cette publicité. Cela est vrai surtout des jugements en matière de guerre ; aussi Grotius a-t-il écrit : *Il faut que les causes de guerre soient claires et évidentes, et qu'elles le soient si bien, qu'elles n'aient pas à redouter l'exposé public que l'on doit en faire.* Car, ajoute-t-il, la coutume a toujours été de faire les publications d'une guerre en en articulant la cause, afin que le genre humain tout entier pour ainsi dire pût connaître de la justice de cette cause.

Avant même que la guerre fût mise en délibération au Sénat, le collége des Féciaux, sa sentence rendue, députait à la nation dont le peuple romain avait à se plaindre une ambassade composée de plusieurs de ses membres, ayant à sa tête le *Pater patratus*, orné extérieurement des symboles de la paix. Arrivé à la frontière, aux premières personnes qu'il rencontrait, il signifiait les justes griefs du peuple romain. Puis, s'avançant jusqu'au siège du gouvernement, il les répétait à la porte de la ville ; enfin il pénétrait dans le forum, et, en présence de ce peuple et de ses chefs, il prenait la parole, toujours dans les mêmes termes, et énonçait les causes claires et positives qui pouvaient amener la guerre, demandant satisfaction pour le tort commis, l'énonçant non pas vaguement et obscurément, mais l'articulant nettement et au moyen de brèves formules que l'histoire nous a conservées. Je ne résiste pas à la tentation de les reproduire ici. Elles ont un caractère à la fois religieux et juridique qui fait songer à cet aphorisme d'un martyr laïque, considéré comme un père de l'Eglise[1], et qu'un moderne a ainsi traduit : L'union de la Religion avec la

---

1. LACTANCE, *Religioni propria justitia.*

Justice est si nécessaire, que l'on peut assurer hardiment que ni l'une ni l'autre n'existe, là où l'une et l'autre n'existent pas.

Voici en quels termes s'exprimait le chef des Féciaux : « Entends-moi, Dieu père de la vie ! Entendez-moi, peuples de ce pays ! Que le droit éternel m'écoute ! (*Audiat* FAS). Je viens, ambassadeur du peuple romain, en toute justice et équité ; ajoutez foi à mes paroles. » Puis il articulait les *répétitions réelles*, en ces trois formules strictes et invariables : punition de *tels* coupables qui avaient lésé des Romains ; restitution de *telles* choses injustement ravies ; réparation de *tel* tort en violation de tel traité. Il terminait par cette imprécation contre lui-même en s'adressant à la Divinité : « Si c'est contre l'équité et le droit que je fais ces répétitions réelles, ne permets pas que je revoie jamais ma patrie ! »

Après avoir reçu la réponse de la nation ainsi mise en cause, l'ambassade revenait à Rome, et y attendait pendant un mois l'effet de sa démarche. Si, à l'expiration de ce délai, satisfaction n'était pas donnée au peuple romain, elle retournait une seconde fois au pays étranger, et le père patré dénonçait la guerre future en ces termes : « Je vous prends à témoin que *tel* peuple est injuste et qu'il refuse de faire le droit. C'est pourquoi nous allons en référer à nos sénateurs pour qu'ils avisent aux moyens de nous obtenir justice. » De retour à Rome, ils saisissaient le Sénat, et leur rapport était précédé d'un serment, ils juraient qu'ils avaient dans leurs deux ambassades

exactement suivi toutes les prescriptions du Droit
fécial. Si la guerre était décrétée, ils retournaient
une troisième fois à la frontière et dénonçaient les
hostilités en ces termes : « Puisque cette nation a violé
le droit à l'égard du peuple romain, et que, en conséquence, le Sénat et le peuple l'ont ainsi décidé, je
lui dénonce la guerre, moi et le peuple romain, et
je la lui fais. » Et en même temps il lançait sur le
sol étranger, constitué ennemi, le javelot symbo-
lique.

Telle est, Messieurs, la déclaration du cas de
guerre avec la dénonciation des hostilités chez les
Romains. C'est d'elle qu'il est écrit dans leur droit
public : Nous ne considérons comme *ennemis* que
ceux qui nous font la guerre après nous l'avoir décla-
rée, ou à qui nous la faisons après la leur avoir dé-
clarée nous-mêmes : les autres sont des *brigands* ou
des *pirates*[1]. Le procédé et la formule moderne :
Nous allons nous battre, qui retient dans l'Europe
contemporaine le nom de déclaration, n'en est qu'une
indigne parodie ; elle n'est pas même une dénonciation d'hostilités, faute d'avoir été précédée de la vraie
déclaration du cas de guerre ; ce n'est qu'un cri de
violence, donnant le signal du brigandage. Notre
proposition de loi a retenu de la déclaration romaine
le fond et la forme essentielle : l'exposition claire

- 1. Pomponne. Ce texte, si clair pour qui a étudié le Droit fécial,
est souvent cité, pas toujours compris. Le voici : *Hostes hi sunt,
qui nobis aut quibus nos publice bellum decrevimus : cæteri la-
trones et prædones sunt.* Digeste, 1. 118, *De verborum significa-
tione.*

du cas de guerre par un jugement signifié à la nation en cause, et la mise en demeure de réparer un tort réel, avant toute hostilité.

En méditant sur ces fortes et vraiment honnêtes institutions féciales, je me suis demandé quelle eût été l'attitude de ce vénérable tribunal, si un envoyé d'une nation étrangère s'était présenté devant lui avec un écrit ou un télégramme portant ces dires: Nous allons vous faire la guerre, et nous nous considérons comme en état d'hostilité avec vous, parce que nous avons des aspirations nationales, et que vous possédez telle montagne et tel fleuve que nous désirons pour frontières naturelles ou scientifiques ; ou bien : Parce que nous professions hier le principe de non-intervention, et aujourd'hui le principe d'intervention et celui des nationalités ; ou encore : Parce que le temps nous paraît venu de faire une évolution historique; ou enfin : Nous nous déclarons en état d'hostilité avec vous parce que vous ne voulez pas nous dire comment vous agirez dans les temps à venir.

Et je me représente ces graves et sages Romains, après s'être consultés quelques instants, décider qu'ils enverront à la nation qui leur a député des ambassadeurs parlant un si étrange langage, pour lui faire savoir qu'ils ont perdu l'esprit en route.

Ah! Messieurs, que reste-t-il aujourd'hui de ces vaines formules, de ces spéculations en l'air au bruit desquelles on nous a fait faire de si tristes guerres depuis trente ans ? Qu'en reste-t-il ? Je vous l'ai dit au début de cet exposé. Deux cent soixante mille Français, l'élite de la vie et de la vigueur de la nation, sont tombés sur les champs stériles des batailles ; l'amoindrissement est venu au dehors, les divisions au dedans avec la ruine des finances publiques, une accumulation de dettes a pesé et pèsera longtemps sur toute la nation et surtout sur la classe ouvrière. Mais je ne veux pas me répéter.

Il me semble que nous prenons tous en ce moment les sentiments des vieux Romains, et que vos lèvres sont plissées par un sourire de pitié, de pitié navrée au souvenir de ces formules de piperie vraiment pitoyables, aujourd'hui évanouies comme une fumée ou un brouillard, après avoir été exploitées au profit de..... Bertrand contre Raton.

On disait autrefois que la France était le pays du bon sens. Revenons au bon sens ; revenons à la justice en matière de relations internationales, en matière de guerre surtout. Et bien qu'on dise que l'Europe fait peu de cas de nous aujourd'hui, l'Europe nous suivra. Aucun peuple ne tolèrera plus de vivre en dehors du droit des gens, si la République française porte une loi destinée à la ressusciter. Nous n'avons pas souffert, et nous ne souffrons pas seuls. Le peuple qui rentrera le premier dans la voie du retour au droit sera suivi des autres. La diplomatie elle-même nous sera reconnaissante. Car elle est aux abois. Elle s'est, l'an dernier, entendu taxer d'impuissance par un organe de la presse parisienne qui est loin d'être son ennemi. « L'impuissance des puissances » est un fait qui, grâce à ce journal, a ému un moment la presse des deux mondes. Et, en effet, l'impuissance des puissances européennes réunies en congrès à deux pas de là, représentant plus de trois cents millions d'âmes et plus de six millions de soldats armés, a éclaté en présence d'un roi de deux millions d'âmes, qui n'avait pas cinquante mille hommes, et qui s'est rué, — ce sont toujours les expressions de l'organe parisien ami de la diplomatie, — qui s'est rué sous leurs yeux, sur le territoire d'un peuple inoffensif, pour y exercer un véritable acte de brigandage international.

Permettez-moi, en finissant, de vous presser d'agir. Vous le voyez, vous le sentez, vous le palpez, jamais l'occasion n'a été plus favorable, et le moment plus *opportun*. Sortons du crime et de la ruine, essayons de sauver le monde en nous sauvant nous-mêmes, ravivons la conscience et restaurons la loi. C'est le seul moyen de mettre notre nation en mesure d'agir en honnête homme.

P. DE FOURNY.

LIBRAIRIE DE RETAUX-BRAY, ÉDITEUR
RUE BONAPARTE, 82, A PARIS

GÉNÉRAUX ET CHEFS

DE

LA VENDÉE MILITAIRE

ET DE LA CHOUANNERIE

SUIVIS DE LA

LISTE ALPHABÉTIQUE DES CHEFS DE DIVISION, OFFICIERS
1793, 1799, 1815, 1832

PAR

MM. de la Sicotière, Joubert, Janniart du Dot, René Bazin,
Alcide Leroux, René Valette, Gustave Bord, marquis de Surgères,
comte d'Estourbeillon, Olivier de Gourcuff, vicomte Hippolyte
Le Gouvello, Edmond Biré, de Rochebrune, Arthur des Nouhes, etc.

UN MAGNIFIQUE VOLUME IN-FOLIO

Orné de 20 grands portraits d'après les maîtres et d'un grand dessin de M. de
Rochebrune. — Richement cart. percaline, ornements spéciaux d'après les dessins
de M. de Rochebrune. . . . . 40 fr.
En feuilles et dans un étui. . . . . 34 fr.

Nous sommes heureux et fiers d'offrir au public un très beau livre-album, qui, pour les provinces de l'Ouest, et pour toute la France royaliste et chrétienne, aura le plus vif intérêt. C'est, sous une forme nouvelle, et avec des documents pour la plupart inédits, l'*Histoire des guerres royalistes de 1793 à 1832*.

Des collaborateurs distingués et dont nous n'avons pas à faire l'éloge, MM. de la Sicotière, Joubert, Janniart du Dot, René Bazin, Alcide Leroux, René Valette, Gustave Bord, marquis de Surgères, comte d'Estourbeillon, Olivier de Gourcuff, vicomte Hip. le Gouvello, Edmond Biré, de Rochebrune, Arthur des Nouhes, etc., ont fait, avec les plus laborieuses recherches et le plus grand talent d'écrivain, la biographie des vingt généraux et chefs les plus illustres.

Leur œuvre se complète par les états de services de *quatre mille* officiers des guerres royalistes. Travail absolument nouveau et qui n'a pu être composé qu'avec le bienveillant concours de M. le duc de la Trémoille et de M. le marquis de Vogüé, et grâce aux merveilleuses richesses de leurs bibliothèques.

Imp. D. Dumoulin, à Paris.